Berlin · Fischland · Weltweit

Die beliebteste Seenadel der Welt

6. Auflage 2021

Text: Nicole Bernard
Illustrationen: Nane Friedel
Lektorat: Christine Teske
Satz und Layout: Hagen Hansen Designbüro
gedruckt und gebunden in Rostock
Made in Germany

Die Schreibweise in diesem Buch entspricht den Regeln
der neuen deutschen Rechtschreibung.
Die Deutsche Nationalbibliothek verzeichnet
diese Publikation in der Deutschen Nationalbibliografie.

ISBN 978-3-941652-02-6

Unser gesamtes lieferbares Programm und viele andere
Informationen finden Sie unter **www.die-kleine-seenadel.de**

Die kleine Seenadel ®

„Kleinfischschule Ahoi"

Eine Geschichte von Nicole Bernard

mit Bildern von Nane Friedel

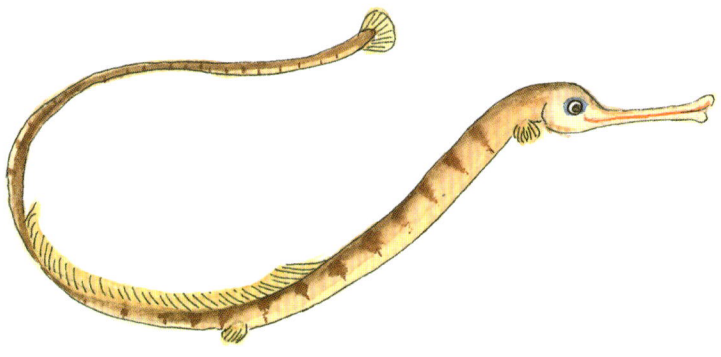

Dieses Buch gehört:

....

Die Sonne war längst untergegangen und am Himmel stand der volle Mond. Esther, die kleine Seenadel, lag geborgen in einer leeren Muschelschalenklappe, schlief und träumte.

Strahlende Sterne funkelten majestätisch am dunklen Abendhimmel um die Wette und der gute alte Mond betrachtete wohlwollend die schlafenden Fischkinder am Meeresgrund. „So ist es gut", dachte er zufrieden. Doch von Zeit zu Zeit streiften bei sanfter Brise bauschige Cumuluswolken den runden Mond und versperrten ihm die Sicht. Dann wurde aus dem dunklen Nachthimmel eine schwarze Wolkenwand und in der Ostsee wurde es finster und sehr still.

„So ist es gar nicht gut", grummelte der gute alte Mond und blies aus seinen dicken runden Wangen die schweren Wolken einfach davon.

Nicht alle Fischkinder schliefen in dieser Nacht. Am Meeresgrund vergnügte sich eine aufgeweckte Schar kleiner Meerleuchttierchen beim Fangenspiel.

„Sieben freche Meerleuchttierchen suchen ein Versteck,
sehn `ne leere Grübchenschnecke, sind auf einmal weg!"

Blitzschnell verschwanden die possierlichen Tierchen in dem kegelförmigen Schneckengehäuse, und sofort erklangen ihre fröhlichen Stimmen zu einem weiteren Reim:

„Sieben kluge Meerleuchttierchen haben nur ein Ziel,
pünktlich in der Schule sein, denn da lernt man viel!"

Die kleine Seenadel erwachte.

Sie streckte sich genüsslich und schwamm los. Richtung Norden, ihre Lieblingsrichtung. In der Kleinfischschule hatte sie gelernt, dass es auch andere Richtungen gibt: Süden, Westen und Osten.

Also schwamm sie immer ihrem langen Schnabel nach, der wie eine Kompassnadel Richtung Norden zeigte. Unterhalb einer überragenden Felswand, nahe der Steilküste, erreichte sie pünktlich die Kleinfischschule von Lehrer Flossenschlau.

Hier gab es jede Menge Steine und angespülte Muscheln.

Vor langer Zeit hatte sich dort mit gewaltiger Kraft der Rumpf eines gesunkenen Fischkutters tief in den sandigen Meeresgrund geschoben. Auf einem Rettungsring, der sich in den Tauen verheddert hatte, stand die Inschrift:

Willkommen – Kleinfischschule – Ahoi

L ehrer Flossenschlau schwamm schwungvoll aus der Kajüte und mit dem letzten Flossenschlag schlug er lässig gegen die verrostete Schiffsglocke.

Als ein ausgedehntes „Dong…" erklang, erwarteten alle Tiere in der Kleinfischschule den Lehrer mit großen Augen. „Guten Meeresmorgen ohne Meeressorgen", begrüßte Lehrer Flossenschlau die Fischkinder vergnüglich und reichte jedem Tierchen freude-strahlend die geputzte Flosse. Da war Henry, der Hornhecht, ein echter Angeberfisch. Nur weil er grüne Gräten besaß, bildete er sich ernsthaft ein, etwas Besonderes zu sein. Ständig drängelte er sich in die erste Reihe und rief im Unterricht dazwischen. Olga, die Ohrenqualle, war wie immer ein bisschen ängstlich. Sie traute sich einfach nichts zu. Robin, die Bäumchenschnecke, ächzte und stöhnte bei jeder auch noch so kleinen Aufgabe, und Greetje, die Garnele, ließ sich gerne ablenken, sobald sie eine Gelegenheit dazu fand.

Dann kraxelte sie auf einen dicken Stein und polierte emsig an ihrem rundlichen Garnelenpanzer herum.

Die sieben Meerleuchttierchen machten sich auf alles einen eigenen Reim und ein Köcherwurm folgte stets schweigend dem Unterricht.

Nur manchmal sagte er: „Ooo, tolle Wolle", blickte dann aber sofort wieder dumpf in die endlose Weite des Meeres.

Esther, die kleine Seenadel, war stolz, endlich das Seenadel - ABC fehlerfrei aufsagen zu können. Alle sangen gemeinsam:

Das fast perfekte Seenadel-ABC

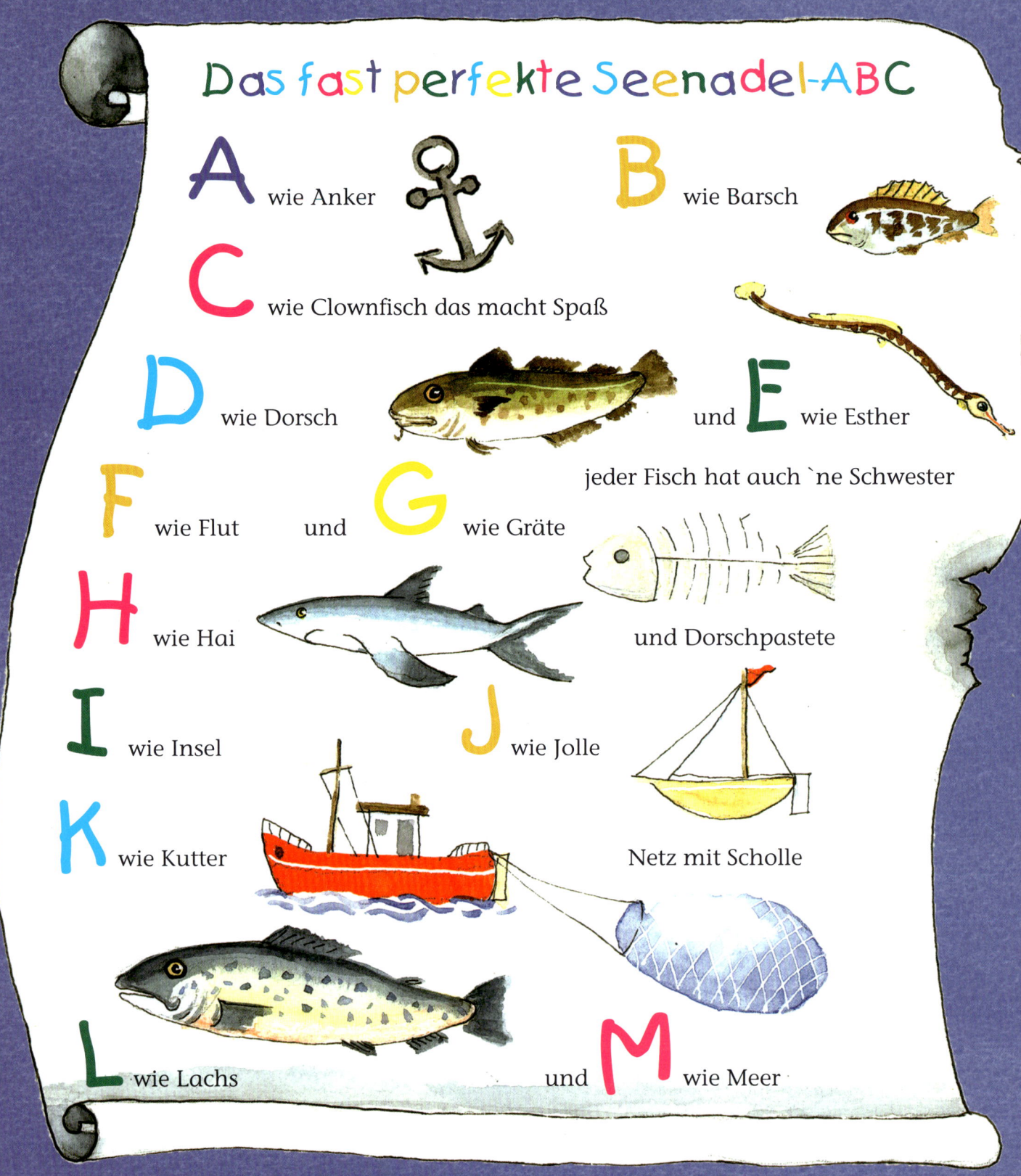

A wie Anker

B wie Barsch

C wie Clownfisch das macht Spaß

D wie Dorsch

und **E** wie Esther

jeder Fisch hat auch `ne Schwester

F wie Flut und **G** wie Gräte

H wie Hai

und Dorschpastete

I wie Insel

J wie Jolle

K wie Kutter

Netz mit Scholle

L wie Lachs

und **M** wie Meer

N wie Netz — das ist nicht schwer

O wie Otter   **P** wie Priel

Q wie Qualle — davon gibt`s viel.

R wie Robbe   **S** wie Strand

T wie Tau — das ist bekannt

U wie Ufer   **V** wie Vogel

W war Wattwurm — ohne Mogeln

X und **Y** das ist schwierig

Z wie Zander — der lernt gierig.

„Exzellent", jubelte Lehrer Flossenschlau und schrieb für jedes Meereskind ein dickes Lob in sein moosgrünes Klassenbuch. „Voll verpennt", riefen zwei freche Krebse mit ihren rauen Stimmen in den Unterricht hinein und schlugen mit ihren Scheren kraftvoll gegen die Schiffsglocke. Wieder machte es „Dong". Die Fischkinder erschraken. Niemand kannte die beiden Krebse, die sich als zwei besonders wilde Kerle zu erkennen gaben. Sie sprachen wie trunkene Seeräuber und waren ganz und gar ohne Manieren. „Guten Meeresmorgen ohne Meeressorgen", begrüßte Lehrer Flossenschlau die beiden Störenfriede und fragte: „Wer seid denn ihr ?" Die beiden sprangen auf einen Stein und antworteten grölend mit einem Reim:

„Wir sind zwei wilde Krebse und heißen Schnipp und Schnapp.

Wir leben am Nord-Ostseestrand und halten dich auf Trapp.

Sehn wir ´ne zarte Muschel, ´nen weichen Kinderfuß,

und in der Luft so weiß und grau die Möwe „Krallenfuß",

dann juckt´s uns in den Scheren,

dann ruckt es im Gebein,

wir laufen los mit schrägem Schritt,

wer kann vor uns sicher sein?

Wir sind Schnipp und Schnapp,

zwei ganz wilde Kerle, wir lachen und witzeln,

wir kneifen und kitzeln, ohne Sinn und Verstand,

zwei Krebse vom Strand, sind Schnipp und Schnapp,

und ganz schön auf Zack."

Immer noch war es still in der Kleinfischschule. Alle Tiere schwiegen. Nur der Köcherwurm flüsterte: „Ooo, tolle Wolle", doch Lehrer Flossenschlau schüttelte den Kopf. „Nein, nein, so geht das nicht", schimpfte er, „ihr zwei dürft doch nicht einfach den Unterricht unterbrechen und mitten hineinrufen. Die erste Regel in der Schule heißt: melden. Wer etwas sagen möchte, muss sich melden, indem er seine Flosse hebt."

Die anderen Fischkinder nickten stolz, denn das hatten sie schon gut gelernt.

„So, und jetzt wollen wir endlich mit dem
Rechenunterricht beginnen. Heute lernen wir zählen!",
verkündete Lehrer Flossenschlau aufmunternd.
Die kleine Seenadel meldete sich und rief:
„Ich kann schon bis 10 zählen!" und dann legte sie los:
„1,   3,   5,   7,   9, ..."
  2,   4,   6,   8,

Doch Schnipp und Schnapp
unterbrachen die kleine
Seenadel mit einem scheren-
rasselnden Papperlapapp.

„Hört auf damit", rief die kleine Seenadel empört und erhob belehrend ihre zarte Stimme:

„Ich bin ich und du bist du.
Wenn ich rede, hörst du zu.
Wenn du redest, bin ich still,
weil ich dich verstehen will."

Die frechen Krebse waren beeindruckt. „Hast du das auch in der Schule gelernt ?", fragten sie die kleine Seenadel bewundernd.
„Ja, all das und noch viel mehr", antwortete sie fröhlich.
„Wir möchten auch kluge Dinge in der Kleinfischschule lernen", sagten die Krebse leise und guckten dabei ganz traurig.

Plötzlich kullerten dicke runde Krebstränen
aus ihren schwarzen Knopfaugen. Die Fischkinder
waren erstaunt über so viel Gefühl.

„Außen hart wie eine
Kokosnuss und innen
weich wie ein Schoko-
kuss", kommentierte der
Lehrer Flossenschlau tröstend
und reichte ihnen
freundschaftlich die Flosse.

„Willkommen in der Kleinfischschule Ahoi,
sucht euch ein freies Plätzchen
und bleibt dabei."

Lehrer Flossenschlau
schrieb an die Tafel: Heute 4. Stunde
Sport. Die kleine Seenadel freute sich.
Denn Turnen war für sie das Schönste
auf dieser wunderbaren Welt.

In der Sportstunde übte Lehrer Flossenschlau mit den Fischkindern Luftsprünge. Nur Robin, die Bäumchenschnecke, saß traurig hinter einer Muschel, weil ihm das Springen so gar nicht gelingen wollte. Als sich dann auch noch Henry Hornhecht über seine Unbeweglichkeit lustig machte,

seufzte Robin betrübt. „Warum bist du so traurig ?", fragte
die kleine Seenadel freundlich. „Henry Hornhecht hat
mich ausgelacht, weil ich nicht springen kann",
beklagte er sich. „Ich habe nur Spaß gemacht",
rechtfertigte sich Henry Hornhecht.
Die kleine Seenadel erklärte: „Spaß ist, wenn alle lachen.
Du hast Robin mit deinen Worten verletzt, und deshalb
war es kein Spaß."
„Spaß ist, wenn alle lachen", wiederholten die sieben
herbeigeschwommenen Meerleuchttierchen.
Fröhlich umkreisten sie
Henry Hornhecht und
sangen im Chor:

„Rücksicht nehmen,
das ist schön. Versuch`s doch mal,
du wirst schon sehn."

Henry Hornhecht zeigte sich einsichtig und entschuldigte sich aufrichtig bei Robin, der Bäumchenschnecke. „Es tut mir leid", sagte er leise, „es war dumm von mir, dich auszulachen. Können wir bitte wieder Freunde sein ?" Robin nickte erleichtert und streckte ihm versöhnlich seine zarten Fühler entgegen.

Und du? Hast du dich auch schon einmal bei jemandem entschuldigt ?

Unterdessen übten Schnipp und Schnapp fleißig springen. Dazu hatten sie eine Schwertmuschel, die ihnen als Hürde diente, auf zwei Feuersteine gelegt. Gerade als die kleine Seenadel zuschauen wollte, fiel die Schwertmuschel herunter. „Los, heb die Muschel auf", riefen beide der kleinen Seenadel raubeinig zu. Esther war erstaunt über so wenig freundliche Worte, deshalb antwortete sie:

„Es gibt zwei kleine Wörter und die sind nie verkehrt!
Bitte und auch Danke werden immer gern gehört.
Du hörst sie selber gerne, drum sag sie andern auch,
Bitte und auch Danke sind ein guter alter Brauch."

„Das sind wohl wieder kluge Dinge aus der Kleinfischschule", bemerkten Schnipp und Schnapp beeindruckt. „Stimmt", erwiderte Esther und schwamm davon. „Ob wir jemals all das Kluge wissen werden?", fragten die beiden Krebse nachdenklich und vergruben sich für eine kleine Weile im feinen Meeresgrund.

Alle Fischkinder hatten sich an den Buhnen versammelt und übten Slalom schwimmen. Das war ein herrliches Vergnügen. Blitzschnell umschwamm die kleine Seenadel die vermoosten Holzbohlen und auch Olga, die Ohrenqualle, schlängelte sich geschickt mit ihrem glibberigen Körper an den Hindernissen vorbei. Greetje, die Garnele, hatte es schwer mit ihrem rundlichen Garnelenpanzer. Manchmal blieb sie sogar mit ihrer harten Schale stecken und dann mussten ihr die anderen Tiere helfen. Doch jetzt rief Lehrer Flossenschlau die Fischkinder zum Luftsprüngemachen zusammen und verkündete seine Anweisungen:

„Streckt eure Gräten, dehnt eure Flossen, holt viel Schwung, stoßt euch mit einem kräftigen Flossenschlag ab und dann: Fliegt !" Und dabei bekamen seine Fischaugen einen sehnsüchtig verträumten Blick. „Wer möchte beginnen ?", fragte er schwungvoll. „Ich, ich", drängelte die kleine Seenadel. Alle Tiere sahen gebannt auf Esther. Jetzt wurde ihr Mut auf eine harte Probe gestellt. Sie schwamm los, nahm viel Schwung, sprang, flog… und… platsch - landete sie wieder im Wasser. Die anderen Tiere sahen die kleine Seenadel voller Bewunderung an. „Und ?", fragten sie einstimmig.

Noch atemlos, aber überglücklich rief die kleine Seenadel:

„Ich habe das Meer gesehen und es war wunderschön!"

„Ooo, tolle Wolle" flüsterte der Köcherwurm
und alle Fischkinder lachten.

Die große Welt der kleinen Seenadel

Folgende Bücher und CDs von Nicole Bernard sind bisher erschienen:

Die kleine Seenadel Bilderbuch

Jeder ist wichtig, ab 6 Jahren, 24 S.

ISBN: 978-3-941652-00-2 ....12,80 €

Die kleine Seenadel Bilderbuch

Auf zur Steilküste, ab 3 Jahren, 24 S.

ISBN: 978-3-941652-01-9 ....12,80 €

Die kleine Seenadel Bilderbuch

Kleinfischschule Ahoi, ab 5 Jahren, 24 S.

ISBN: 978-3-941652-02-6 ....14,80 €

Die kleine Seenadel Bilderbuch

Heimweh nach Fischland, ab 5 Jahren, 24 S.

ISBN: 978-3-941652-03-3 ....12,80 €

Das kleine Wildschwein Bilderbuch

Waldemar, 2-7 Jahre, 24 S.

ISBN: 978-3-941652-09-5 ....12,80 €

Die kleine Seenadel Malbuch

ab 5 Jahren

ISBN: 978-3-941652-06-4 ....   3,40 €

Abenteuer mit den Fischlandkindern Buch

Einfach genial, 8-13 Jahre, 112 S.

ISBN: 978-3-941652-04-0 .... 10,90 €

Abenteuer mit den Fischlandkindern Buch

Gewitterfront am Bakelberg, 9-14 Jahre, 140 S.

ISBN: 978-3-941652-08-8 .... 12,90 €

Die kleine Seenadel CD

Das Hörbuch - Geschichten & Lieder

ISBN: 978-3-941652-05-7 .... 10,90 €

Die kleine Seenadel Bilderbuch

Gute-Nacht-Geschichten, 3-7 Jahre, 24 S.,

ISBN: 978-3-941652-10-1 .... 14,80 €

• Buchungsanfragen für Kinder-Erlebnis-Lesungen mit der kleinen Seenadel: **mail@fischlandverlag.de**

Die kleine Seenadel empfiehlt:

Familienurlaub an der Ostsee

im „Haus Meermaler"

www.meerfischland.de

Weitere tolle Produkte rund um die Erlebniswelt der kleinen Seenadel finden Sie im Shop:

www.die-kleine-seenadel.de